AF290108

LA BATAILLE DES THERMOPYLES

Léonidas et ses 300 Spartiates contre l'Empire perse

Par Vincent Gentil
Sous la direction de Bruno Tabuteau

LA BATAILLE DES THERMOPYLES

INTRODUCTION

En 480 av. J.-C., soit dix ans après la première guerre médique, le puissant Empire perse prépare une seconde tentative d'invasion de la Grèce continentale, alors qu'il domine déjà les cités grecques d'Asie Mineure (Turquie actuelle) et une partie des îles grecques, ainsi que la Thrace et la Macédoine, au nord de la mer Égée. Durant l'été, bien qu'une victoire semble impossible, les cités grecques mettent leurs rivalités de côté et tentent, sur terre et sur mer, de barrer la route à l'armée perse et à son immense flotte. Un contingent de plusieurs milliers d'hommes, dirigé par Léonidas Ier, le roi de Sparte, est alors envoyé vers l'étroit défilé des Thermopyles, qui conduit au cœur de la Grèce.

La bataille des Thermopyles appartient à cette catégorie d'événements qui ont nourri l'imaginaire européen pendant des siècles, passant ainsi de l'histoire à la légende. Qui n'a jamais entendu parler de Léonidas Ier et de ses héroïques Spartiates, tenant tête à tout l'Empire perse, à l'aube de l'époque classique grecque ? Aborder cet événement nécessite donc de démêler l'histoire de la légende et l'on pourra en particulier s'interroger sur la portée militaire et politique réelle des Thermopyles : cette bataille a-t-elle vraiment permis la victoire des Grecs sur les Perses, ou son importance a-t-elle été amplifiée au fil des siècles ?

DONNÉES-CLÉS

- **Quand ?** En août 480 av. J.-C.
- **Où ?** Au défilé des Thermopyles, passage entre la Grèce du Nord et la Grèce centrale
- **Contexte ?** La seconde guerre médique (481-479 av. J.-C.)
- **Belligérants ?** L'Empire perse contre les cités grecques alliées, dirigées par Sparte
- **Acteurs principaux ?**
  - Léonidas Ier, roi de Sparte (vers 540-480 av. J.-C.)
  - Xerxès Ier, grand roi de l'Empire perse (vers 519-465 av. J.-C.)
  - Mardonios, général perse (mort en 479 av. J.-C.)
- **Issue ?** Victoire perse
- **Victimes ?**
  - Camp grec : les 300 Spartiates de Léonidas Ier ont été tués, de même sans doute que les 700 alliés thespiens (habitants d'une cité grecque en Béotie) ainsi qu'un nombre indéterminé de Thébains
  - Camp perse : de nombreux morts sont à déplorer, mais leur nombre n'est pas connu

CONTEXTE POLITIQUE ET SOCIAL

À L'ORIGINE DU CONFLIT : L'EXPANSION MÉDITERRANÉENNE DE L'EMPIRE PERSE

La grande offensive perse contre la Grèce, en 480 av. J.-C., n'est pas une surprise pour les cités grecques, qui ont eu le temps de se préparer. Ceux-ci subissent en effet depuis longtemps les ambitions conquérantes du puissant empire oriental.

Des Grecs sous domination perse

Les relations conflictuelles entre la Grèce et l'Empire perse sont assez anciennes. Depuis le milieu du VIᵉ siècle av. J.-C., les cités grecques d'Asie Mineure sont soumises au souverain perse, qui leur impose le versement d'un tribut, parfois des garnisons, et intervient dans leurs affaires internes. Pour contrôler les différentes cités grecques, les dirigeants perses y placent parfois des tyrans acquis à leur cause, qu'ils soutiennent et maintiennent au pouvoir.

LA RÉVOLTE DE L'IONIE

Alors que la région jouit d'une prospérité économique, la dureté accrue de Darius Ier (roi des Perses, vers 522-486 av. J.-C.) provoque, entre 499 et 493 av. J.-C., le soulèvement de l'Ionie. Malgré le soutien d'Athènes et d'Érétrie qui se solde en 498 av. J.-C. par le sac de la ville de Sardes, siège du pouvoir perse dans la région, les Grecs sont finalement défaits à Ladé (ouest de Milet). La répression est très dure et la ville de Milet est rasée. Darius Ier, qui semble vouloir régler définitivement la question grecque, prépare une offensive contre la Grèce continentale dès 492 av. J.-C. Cette année-là, le grand roi parvient à reprendre la Thrace et la Macédoine en Europe, régions conquises dès 513 av. J.-C.

LA PREMIÈRE GUERRE MÉDIQUE

Deux ans plus tard a lieu la première guerre médique. La flotte de Darius Ier, qui compte près de 600 navires, prend d'assaut la Grèce, sous les ordres du Mède Datis (mort après 490 av. J.-C).

Le grand roi peut compter sur de nombreux ralliements, beaucoup de cités grecques considérant toute résistance comme inutile. Toutefois, Athènes, qui se retrouve pratiquement seule face à l'envahisseur, parvient à repousser les Perses : le débarquement prévu à Marathon, dans l'Attique orientale, est tenu en échec par ses hoplites, notamment parce que la cavalerie perse a déjà rembarqué à leur arrivée. Cette défaite ne remet cependant pas en cause les projets des Perses qui se montrent bien décidés à poursuivre leur quête ; les préparatifs pour une nouvelle expédition commencent quelques années plus tard.

À la veille de l'invasion de 480 av. J.-C., les Grecs savent donc que Xerxès Ier, qui a succédé en 486 à son père Darius Ier, prépare une nouvelle attaque.

L'EMPIRE PERSE, UNE PUISSANCE QUI S'AFFIRME

L'Empire perse est un immense espace hétérogène, qui s'étend de l'Indus, aux portes de l'Inde, jusqu'à la Méditerranée, et du Caucase à l'Arabie et à l'Égypte comprises. L'empire comprend donc le pays des Mèdes, situé au sud de la mer Caspienne – d'où vient le nom de « guerres médiques » que les historiens grecs ont donné aux offensives de Darius Ier et de son fils Xerxès Ier, en 490 puis en 480 av. J.-C. Conquis par Cyrus II (roi de Perse, 556-530 av. J.-C.) à partir de 559 av. J.-C., l'empire est organisé en satrapies (régions), dirigées chacune par un haut dignitaire, le satrape, nommé par le grand roi. Il y a ainsi un satrape à Sardes, dont dépendent les cités grecques de l'Ionie.

Malgré les différentes tentatives d'invasion, le monde grec reste une préoccupation très secondaire pour eux. Les offensives du début du Ve siècle avant notre ère s'expliquent sans doute par la volonté de Darius Ier de dominer la mer Égée plus que la Grèce elle-même. Rien n'indique un dessein impérialiste systématique ni une aspiration à l'empire universel.

LA GRÈCE DES CITÉS : UN ESPACE POLITIQUEMENT DIVISÉ

Au temps de la bataille des Thermopyles, la majeure partie de la Grèce est organisée en cités, c'est-à-dire en petits États indépendants disposant d'institutions centrales permanentes, d'une ville haute fortifiée ainsi que d'activités artisanales et commerciales développées.

Au début du vᵉ siècle av. J.-C., la Grèce des cités demeure un ensemble très divisé, où les guerres locales et régionales sont quasi permanentes. Sparte (ou Lacédémone), qui a de nombreux alliés, réunis dans la ligue du Péloponnèse, représente alors la principale puissance, même si la cité d'Athènes, qui vient de se doter d'une nouvelle constitution démocratique, est en pleine ascension. Après la bataille de Marathon (490 av. J.-C.), la découverte de mines de plomb argentifère dans le massif du Laurion, au cœur de leur territoire, permet aux Athéniens de se constituer une importante flotte de guerre, futur instrument de leurs victoires sur les Perses et de leur domination sur la Grèce.

À côté de ces cités, subsiste encore une forme d'organisation plus archaïque que les Grecs appellent ethnos (du grec signifiant « peuple » ou « race »), principalement dans les régions montagneuses de l'Ouest et du Nord. Dans ce cas, il n'y a ni ville principale ni institutions communes permanentes, mais un réseau de bourgades plus ou moins importantes. C'est le cas notamment en Thessalie, en Macédoine et en Phocide (au nord de la Grèce).

LA SECONDE GUERRE MÉDIQUE : UNE OFFENSIVE DE MASSE

Dès son avènement en 486 av. J.-C., Xerxès Ier poursuit l'œuvre de son père et décide de projeter une expédition gigantesque contre la Grèce, qu'annoncent les préparatifs suivants, entre 483 et 481 av. J.-C. :

- deux ponts de bateaux sont édifiés sur l'Hellespont (actuel détroit des Dardanelles), détroit qui permet de passer de l'Asie à l'Europe ;
- un canal est creusé pour éviter à la flotte perse d'avoir à contourner la péninsule du mont Athos ;
- des vivres sont acheminés vers la Thrace et la Macédoine déjà soumises.

Par ailleurs, même si nous ne disposons pas de chiffres précis, l'historien grec Hérodote (vers 484-420 av. J.-C.) soutient que le roi peut s'appuyer sur d'importants effectifs estimés à environ 200 000 hommes et à 1 000 bateaux. La tradition rapporte que l'armée a défilé pendant sept jours et sept nuits devant son chef, ce qui, pour les auteurs grecs, est l'occasion de signaler la démesure (hybris) des Orientaux.

En 481 av. J.-C., Xerxès Ier quitte la capitale de Suse pour Sardes, puis au printemps suivant, l'immense armée se met en branle et arrive en Macédoine sans avoir combattu, alors que sa flotte stationne au nord de la mer Égée. Contrairement à l'invasion de 490 av. J.-C., le grand roi dirige en personne l'expédition, se trouvant ainsi à la tête de plusieurs centaines de milliers de soldats que rejoignent au fur et à me-sure de leur progression des contingents grecs levés dans les pays traversés et aussitôt soumis s'ils ne l'étaient déjà tels que l'Ionie, la Thrace, la Macédoine, et bientôt la Thessalie.

LES CITÉS GRECQUES ORGANISENT LA RÉSISTANCE

Devant ce péril mortel, les cités grecques par-viennent à mettre leurs antagonismes de côté et organisent rapidement une stratégie commune : réunies à Corinthe, elles s'unissent dans une

ligue panhellénique et confient le commande-
ment des opérations au roi spartiate Léonidas Ier.
Les Thessaliens, immédiatement menacés par
Xerxès Ier, proposent alors d'établir une ligne de
défense entre leur pays et la Macédoine, mais
devant le refus de la ligue grecque, ils finissent
par rejoindre le camp des Perses. Les Grecs choisissent en effet d'attendre l'ennemi plus au sud :

- la flotte attendra au cap Artémision, au nord
  de l'île d'Eubée ;
- tandis qu'une partie de l'infanterie stationnera
  au défilé des Thermopyles.

La stratégie est claire : il s'agit de bloquer les
Perses dans des lieux étroits, là où ils ne pourront
pas déployer toutes leurs forces.

ACTEURS PRINCIPAUX

LÉONIDAS IER, ROI DE SPARTE

Léonidas devient roi de Sparte en 489 ou 488 av. J.-C., conjointement avec Léotychidas (mort en 469 av. J.-C.). Il incarne la résistance de l'ensemble de la Grèce face à l'invasion perse, puisque c'est lui qui commande le contingent chargé de retenir l'armée de Xerxès Ier aux Thermopyles en 480 av. J.-C. Nous ne savons que peu de choses à son sujet, en dehors des conditions de son accession à la royauté et de son rôle au cours de la bataille durant laquelle il trouve la mort.

BON À SAVOIR

La cité de Sparte est dirigée par deux rois, désignés parmi deux familles royales distinctes, les Agiades et les Eurypontides, réputées descendantes d'Hercule. Leurs pouvoirs sont limités, mais ils disposent tous deux de fonctions militaires et religieuses très importantes. Même s'il est héréditaire, le pouvoir royal semble avoir été soumis à l'approbation des Spartiates, l'existence de deux rois limitant le risque de sombrer dans la tyrannie.

Les rois partagent leur pouvoir avec d'autres institutions telles que :

- les gérontes, qui forment une haute cour de justice contrôlant les décisions de l'assemblée du peuple ;
- les éphores, qui forment une sorte de gouvernement, assurant les relations avec l'étranger et exécutant les décisions de l'assemblée populaire ;
- l'assemblée des citoyens, enfin, qui élit les gérontes et les éphores, vote les lois, la paix et la guerre, mais dont le pouvoir réel paraît limité.

Appartenant à la famille royale des Agiades, Léonidas succède à son demi-frère aîné Cléomène, mort sans descendant mâle en 490 av. J.-C., en tant que petit-fils du roi Anaxandrides. Il épouse Gorgo, la fille de Cléomène. Cet avènement, bien qu'inattendu, est conforme à la coutume spartiate et ne semble pas avoir donné lieu à une quelconque contestation.

Léonidas Ier prend cependant le pouvoir dans un contexte où la royauté paraît soumise à un contrôle plus étroit de la part du corps civique :

- en effet, alors qu'auparavant les deux rois pouvaient partir en campagne ensemble, l'un d'eux doit désormais rester dans la cité, où il incarne un contre-pouvoir à celui qui commande l'armée. Ainsi, Léonidas Ier est envoyé seul aux Thermopyles pendant que Léotychidas reste à Sparte ;
- par ailleurs, alors que Cléomène pouvait encore prendre l'initiative de lever une armée comme bon lui semblait, il est désormais d'usage que l'assemblée du peuple se prononce sur la paix ou la guerre avant le départ du roi en campagne.

LE SAVIEZ-VOUS ?

Pendant une campagne militaire, le roi, entouré d'une garde choisie parmi la troupe d'élite, combat au premier rang, à l'aile droite. Il possède plusieurs droits tels que :

- le droit de vie et de mort sur ses hommes ;
- le droit de conclure une trêve et de nouer des alliances.

> Cependant, pour conclure la paix, il doit obtenir l'accord de la cité.

Cette tendance explique peut-être la stricte obéissance à la loi qui caractérise l'action de Léonidas Ier et l'acharnement avec lequel il défend les Thermopyles, alors même que la position est de toute évidence perdue.

Aurait-il eu peur des représailles en cas de défaillance à son retour ? La question mérite en effet d'être posée, car le roi est soumis au contrôle des puissants éphores, hauts magistrats qui appliquent les décisions de l'assemblée du peuple et peuvent demander des comptes aux rois à leur retour de campagne.

Cela n'enlève toutefois rien à l'héroïsme du chef spartiate et à la valeur de son action militaire, qui sont célébrés à Sparte, mais aussi dans le reste de la Grèce jusqu'à la fin de la période antique et au-delà, comme en témoigne encore la statue érigée dans les années cinquante sur le lieu de la bataille.

XERXÈS IER, GRAND ROI DE L'EMPIRE PERSE

Fils et successeur de Darius Ier, Xerxès Ier a 35 ans lorsqu'il accède à la tête de l'Empire perse en 486 av. J.-C. et organise aussitôt une vaste offensive contre la Grèce qui s'achèvera sur un important échec.

Il appartient à la dynastie perse achéménide, dont il est le quatrième souverain et règne sur un vaste ensemble encore agrandi par son père. Son règne se caractérise par l'intransigeance religieuse, notamment envers les cultes mésopotamiens. À l'extérieur de l'empire, il poursuit la politique de mainmise sur le monde grec commencée par son père et cherche à venger l'humiliation subie lors de la défaite de Marathon.

Toutefois, l'offensive de 480 av. J.-C., gigantesque par les moyens mis en œuvre, a également une logique stratégique : contrôlant déjà l'Égypte, le Proche-Orient, l'Asie Mineure et la Thrace, le grand roi cherche à maîtriser tout le pourtour de la mer Égée en obtenant la soumission des cités grecques de la rive européenne. Pour la première fois, il prend lui-même la tête de l'expédition, montrant par-là l'importance qu'il lui accorde.

L'échec de l'invasion n'a pas de graves conséquences pour l'empire, la souveraineté de Xerxès Ier n'étant par ailleurs pas contestée. Il n'est toutefois jamais parvenu à conclure un accord avec les Grecs. Il faut en effet attendre son successeur Artaxerxès Ier (465-424 av. J.-C.) pour que soit signée la paix de Callias, en 449 av. J.-C., qui met officiellement fin à l'état de guerre avec la Grèce.

Plus généralement, il faut noter qu'avec Xerxès Ier, l'expansion territoriale perse est arrêtée : il est le premier souverain à ne pas obtenir de victoire extérieure importante.

Il meurt assassiné en 465 av. J.-C., victime d'un des plus grands maux de l'empire : le complot de cour.

MARDONIOS, GÉNÉRAL PERSE

Cousin du grand roi Xerxès Ier, Mardonios joue un rôle politique et militaire de premier plan dans les offensives contre la Grèce au début du Ve siècle avant notre ère.

En 492 av. J.-C., au début de la première guerre médique, il prend la tête de l'expédition qui aurait dû rétablir la domination sur la Thrace et la Macédoine, mais il se heurte à une résistance violente au cours de laquelle il est blessé. Alors qu'il retournait vers la Perse, il perd une grande partie de sa flotte dans une tempête au large du mont Athos.

Hérodote affirme que Mardonios a exercé une forte influence sur Xerxès Ier qu'il aurait convaincu de marcher à nouveau contre la Grèce pour se venger d'Athènes, victorieuse des Perses à Marathon, mais aussi parce que « l'Europe [est] un pays très beau, d'un excellent rapport, où l'on trouv[e] toutes sortes d'arbres fruitiers, et que le roi seul mérit[e] de l'avoir en sa possession » (*Histoires*, livre VII). Il s'appuie également sur l'expérience de la campagne de 492 av. J.-C. pour convaincre le roi que les Grecs ne pourront jamais présenter un front uni et que beaucoup d'entre eux se rallieront rapidement aux Perses.

Après la défaite perse de Salamine, en septembre 480 av. J.-C., Mardonios est favorable à une poursuite des opérations et à une soumission rapide de la Grèce par voie terrestre. Resté dans le nord du pays pendant l'hiver avec les meilleures troupes de l'empire, il commande l'offensive de 479 av. J.-C., qui se solde par la défaite perse de Platées où il perd la vie face aux troupes du Spartiate Pausanias (mort vers 467 av. J.-C.), frère de Léonidas Ier.

ANALYSE DE LA BATAILLE

Les mouvements
de la seconde guerre médique

LA MISE EN PLACE

En août 480 av. J.-C., alors qu'à l'Artémision (nord de l'île d'Eubée), une flotte de 280 navires, majoritairement athéniens, doit interdire aux Perses la voie maritime vers le sud, un contingent de plusieurs milliers d'hommes fait marche vers le nord et barre le défilé des Thermopyles, un étroit couloir d'une quinzaine de mètres de large à peine, entre mer et montagne, sur environ 1,5 kilomètre de longueur. Une fortification en condamne l'accès à qui vient par le nord-ouest. Le nom de ce défilé, qui en grec signifie « portes chaudes », provient des nombreuses sources chaudes qui y surgissent.

Les combattants sont pour la plupart des Grecs du Péloponnèse et de la Grèce centrale, dont l'historien Hérodote donne les effectifs précis, mais discutés à postériori par les historiens : les plus nombreux viennent des cités de Tégée, de Mantinée, de Corinthe, de Thespies, de Thèbes et bien sûr de Sparte. Au total, on estime aujourd'hui le contingent à environ 5 000 hommes. Parmi ces derniers se trouve le célèbre corps d'élite des Trois Cents, choisis pour leurs qualités militaires et envoyés rapidement avant les autres

Grecs vers les Thermopyles afin de les encourager à vaincre leur peur. Même si Hérodote ne le mentionne pas, il est fort probable qu'un millier de Spartiates supplémentaires se soient joints à l'expédition. Tous sont commandés par Léonidas Iᵉʳ, mais chaque contingent obéit directement aux chefs militaires de sa cité. Ils ne représentent toutefois qu'une petite partie des forces de la Grèce, qui se préparent surtout à défendre l'isthme de Corinthe, plus au sud.

BON À SAVOIR

Les guerriers grecs sont le plus souvent des citoyens âgés d'au moins 21 ans, qui ont tous suivi une longue formation, particulièrement exigeante à Sparte. Il existe plusieurs corps d'élite, comme les Trois Cents de Sparte ou le Bataillon Sacré de Thèbes, mais leur mode de recrutement est mal connu. Les textes mentionnent régulièrement les Trois Cents de Sparte comme une élite guerrière de terrain, mais il convient de les distinguer des *hippeis* (cavaliers), groupe de 300 hommes qui constituent également une élite sélectionnée par les magistrats de la cité.

Il semblerait que les cités du Péloponnèse ne veulent pas envoyer plus d'hommes vers le nord, la situation étant jugée très périlleuse alors que l'isthme de Corinthe paraît plus aisé à défendre. D'ailleurs, beaucoup d'entre elles tirent prétexte du déroulement de fêtes religieuses qui ont lieu à ce moment-là pour n'envoyer qu'un faible contingent. On sait que Sparte aurait pu mobiliser plus de 6 000 hoplites à elle seule, mais elle préfère les garder au plus près de son territoire, conformément à sa tradition. En effet, non seulement les Spartiates hésitent sans doute dans la stratégie à tenir face à l'invasion perse, mais il n'est pas dans leurs habitudes d'envoyer d'importants contingents loin de leur territoire, et ce pour deux raisons :

- d'une part, ils cherchent avant tout à prévenir un soulèvement des Périèques et des Hilotes, populations indigènes du Péloponnèse qu'ils ont soumises ;
- d'autre part, ils sont attachés à leur modèle hoplitique traditionnel, qui s'oppose aux guerres lointaines et aventureuses, comme le signale l'historien athénien Thucydide (vers 460-395 av. J.-C.) qui voit dans ce comportement une différence majeure avec Athènes.

UNE PREMIÈRE PHASE DÉFAVORABLE AUX PERSES

Léonidas Ier installe une partie des Spartiates en avant du rempart qui protège le défilé et qui a été restauré pour l'occasion. Le reste des troupes stationne à l'abri de cette muraille.

Pendant deux jours, ses hommes démontrent la supériorité de la tactique grecque : les troupes d'élite de Xerxès Ier et de son général Mardonios, dont les Mèdes et les fameux « Immortels » perses (corps de 10 000 combattants sans cesse renouvelés), sont repoussées à plusieurs reprises par les hoplites, qui excellent en particulier dans les manœuvres de retraite et de contre-attaque. Leurs lances plus longues que celles des Perses et leurs grands boucliers ronds leur procurent un avantage notable sur leurs ennemis orientaux. Nous ignorons le détail des pertes subies par les Grecs et les Barbares pendant ces premiers combats, mais ils furent sans conteste meurtriers pour les envahisseurs.

BON À SAVOIR

La tactique de combat des hoplites est une formation serrée, la phalange, qui a pour but de repousser l'ennemi au moyen de lances, tout en se protégeant mutuellement avec les boucliers, qui se recouvrent partiellement les uns les autres, pour former un front uni.

La phalange s'organise sur quatre à huit rangs de profondeur, ce qui évite que le front ne soit rompu si l'un des combattants venait à tomber. Cette formation, efficace dans l'ensemble, a deux points faibles : ses ailes et ses arrières. Cette pratique, très différente de ce que décrivent les poèmes d'Homère (poète épique grec, VIIIe siècle av. J.-C.) pour l'époque antérieure, implique des combattants nombreux liés par une forte cohésion. Elle a ainsi pu favoriser l'élargissement du groupe des citoyens ayant des droits politiques, nécessaires en Grèce pour pouvoir prendre part à la guerre.

Dans le même temps, la flotte perse rencontre de graves difficultés : une partie des navires est détruite par une tempête au cap Sépias, d'autres sont vaincus au cap Artémision. Cette flotte si nombreuse peine, en effet, en cas de tempête, à se mettre à l'abri dans les rades ; face aux Grecs, auprès des côtes accidentées et des îles de la mer Égée, elle n'a pas la place nécessaire pour mobiliser toutes ses forces.

LE REPLI GREC ET LE SACRIFICE DES TROIS CENTS

Après deux jours de lutte acharnée, les Grecs de Léonidas Ier résistent encore, mais leur position est cependant menacée par les troupes perses qui, guidées par le Grec Éphialtès (vers 495-vers 461 av. J.-C.), trouvent une voie montagnarde permettant de passer au-delà des Thermopyles, vers le sud-est. Les Phocidiens, qui avaient mobilisé un contingent d'un millier d'hommes pour surveiller la montagne, échouent dans cette tâche : les Perses, commandés par Hydarnes (521-480 av. J.-C.), font marche de nuit et arrivent au sommet sans être vus. La situation est rendue d'autant plus critique pour les Grecs parce que les renforts tant attendus n'arrivent pas.

Les Perses redescendent sans même combattre les Phocidiens, se dirigeant directement vers les troupes de Léonidas Ier. Avant que l'étau ne se resserre complètement et pour éviter le carnage, le roi de Sparte renvoie vers le sud le gros de ses guerriers. Comme le souligne Hérodote, il est également probable que la peur de la mort, inévitable pour ceux qui resteraient aux Thermopyles, ait rendu beaucoup de Grecs inaptes au combat. Le chef spartiate ne garde donc avec lui que les hoplites déterminés à respecter leur engagement jusqu'au bout. Par conséquent, les Trois Cents, soutenus par les combattants des cités de Thespies et de Thèbes, parviennent à tenir quelques heures de plus, pour la plus grande gloire de Sparte, avant d'être massacrés jusqu'au dernier, Léonidas Ier y compris.

Ce sacrifice n'a pas été fait gratuitement et ne répond à aucune recherche de gloire personnelle. En effet, pour les Spartiates, l'échec au combat n'est jamais exalté pour lui-même, mais il doit être accepté quand l'accomplissement du devoir le rend nécessaire. C'est ainsi que l'inscription qui figure à Delphes sur le tombeau des Spartiates tombés durant la bataille des Thermopyles, d'après Hérodote, offre au regard le texte suivant : « Passant, va dire aux Lacédémoniens que nous sommes morts pour obéir aux lois. » (Livre VII, 228) Envoyé pour tenir le défilé le plus longtemps possible, Léonidas Ier s'est donc parfaitement acquitté de sa mission tout en ménageant l'essentiel des contingents qui lui ont été confiés.

RÉPERCUSSIONS DE LA BATAILLE

SUR LE PLAN MILITAIRE

La Grèce envahie

La résistance acharnée des Trois Cents retarde un temps les Perses et permet à la flotte grecque de se replier vers l'Attique avant d'être enveloppée par les Perses, ce qui n'empêche pas l'invasion terrestre de la Grèce jusqu'à l'isthme de Corinthe. La Phocide puis la Béotie sont pillées, tandis que l'Attique, abandonnée par les Athéniens, est ravagée. Pire encore pour ces derniers, le sanctuaire de l'Acropole est incendié par les Perses. Pourtant, malgré le désastre, les Athéniens refusent toujours les offres de paix de Xerxès Ier et assurent aux Spartiates qu'ils continueront à se battre pour la liberté des Grecs.

Les Athéniens et leurs alliés misent alors tout sur leur flotte et en septembre 480 av. J.-C., les trières grecques (vaisseaux de guerre à trois rangs de rameurs), sous la conduite de Thémistocle (homme d'État athénien, 528-462 av. J.-C.), affrontent les vaisseaux du grand roi perse dans la baie de Salamine. Cette bataille navale tourne à l'avantage des Grecs, qui parviennent à mettre en déroute la flotte perse.

Le repli de l'armée perse

Xerxès Ier, qui considérait encore il y a peu la victoire acquise, décide de faire machine arrière : le reste de sa flotte et la majeure partie de ses troupes rentrent en Ionie (Asie Mineure) malgré ses victoires terrestres et l'importance de ses forces ; lui-même s'installe à Sardes (capitale de la Lydie). Seules des troupes d'élite commandées par Mardonios restent en Grèce centrale et du Nord. Hérodote suppose que le grand roi perse a craint que les Grecs ne détruisent le pont de bateau présent sur l'Hellespont, le coupant ainsi de ses bases. Mais il est plus probable que Xerxès Ier suive dans cette stratégie la coutume perse, selon laquelle il n'appartient pas au roi de diriger les opérations militaires. De plus, l'arrivée de l'hiver impose de suspendre les opérations. À la fin de l'année 480 av. J.-C., rien n'est joué et les

Grecs s'attendent à de nouvelles offensives dès le printemps suivant.

Les Grecs victorieux à Platées et au cap Mycale

La victoire de Salamine amorce cependant la retraite perse. Par ailleurs, les troupes de Mardonios sont défaites sur terre en 479 av. J.-C., à Platées (en Béotie). Toutes les forces de la Grèce combattent alors, ce qui représente 110 000 guerriers, parmi lesquels les Spartiates qui ont mobilisé 35 000 hilotes (à Sparte, es-claves publics), ce qui est exceptionnel. Au cours de la bataille, Mardonios perd la vie.

La même année, les Perses sont également défaits au cap Mycale, en Ionie, ce qui marque leur défaite définitive face à la Grèce et la fin des invasions. Xerxès Ier est par conséquent le dernier souverain perse à être entré en Europe. Un siècle et demi plus tard, son empire est conquis par une Grèce mobilisée autour d'Alexandre le Grand (356-323 av. J.-C.).

La succession de Léonidas Ier et la situation à Sparte

La mort de Léonidas Ier au cours de la bataille des Thermopyles force les Spartiates à lui trouver rapidement un successeur. Le roi de Sparte ne disposant pas d'héritier majeur, les Spartiates choisissent de confier la régence à son neveu Pausanias. C'est ce dernier qui commande l'armée grecque qui affronte les Perses à Platées tandis que le second roi, Léotychidas, commande la flotte qui mène les hoplites au cap Mycale.

SUR LE PLAN POLITIQUE

Cette victoire inattendue des Grecs a de lourdes conséquences politiques, notamment l'hégémonie et le rayonnement d'Athènes sur tout le monde grec égéen. En effet, la cité prend la direction de la ligue de Délos, organisation chargée de la lutte contre la menace d'invasion orientale. Elle se constitue une flotte et un trésor immenses grâce aux contributions plus ou moins volontaires des autres cités engagées dans la ligue. Quant aux Spartiates, attachés à leur autonomie, ils préfèrent cibler leurs efforts sur le Péloponnèse, qu'ils dominent, plutôt qu'en outre-mer.

UNE BATAILLE AU CARACTÈRE SACRÉ

La bataille des Thermopyles prend rapidement un caractère sacré, comme en témoigne les vers du poète grec Simonide de Céos (vers 556-467 av. J.-C.) : « Ceux qui sont morts aux Thermopyles, glorieux fut leur sort, brillant, leur destin, leur tombe est un autel. » (cité par Diodore de Sicile, Bibliothèque historique, XI, 11, 6) Ces mots, faisant écho à ceux gravés sur le tombeau des Spartiates, au sanctuaire de Delphes, devaient à jamais imprégner la mémoire européenne.

Dès l'époque antique, cet épisode guerrier de l'histoire des Grecs inspire la littérature, et ce dès la pièce tragique Les Perses écrite vers 472 av. J.-C. par Eschyle (poète tragique grec, 526-456 av. J.-C.), dans laquelle il célèbre surtout la victoire athénienne à Salamine, mais aussi la « lance dorienne », c'est-à-dire la valeur des hoplites de Sparte. 600 ans plus tard, la biographie (aujourd'hui perdue) que Plutarque (écrivain grec, 46-125 apr. J.-C.) a consacrée à Léonidas Ier montre la permanence de l'admiration qu'on porte au chef lacédémonien, jusqu'à l'époque romaine.

EN RÉSUMÉ

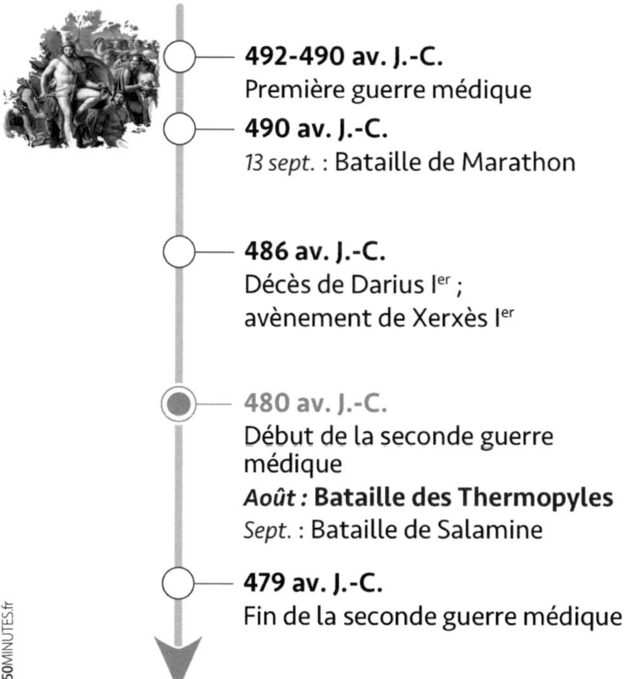

492-490 av. J.-C.
Première guerre médique

490 av. J.-C.
13 sept. : Bataille de Marathon

486 av. J.-C.
Décès de Darius Ier ;
avènement de Xerxès Ier

480 av. J.-C.
Début de la seconde guerre
médique
Août : **Bataille des Thermopyles**
Sept. : Bataille de Salamine

479 av. J.-C.
Fin de la seconde guerre médique

- En 481 av. J.-C., pour se venger de la défaite de Marathon et pour contrôler la mer Égée, le grand roi perse Xerxès Ier prépare une invasion de la Grèce en mettant sur pied une armée forte de centaines de milliers de combattants et de plus de 1 000 navires.

- Au printemps 480, la grande armée se met en marche, traverse la Thrace et envahit le Nord de la Grèce, menaçant l'ensemble de la péninsule.
- Durant l'été, les Grecs tiennent un congrès à Corinthe et s'accordent pour confier les opérations terrestres au roi de Sparte Léonidas Ier et les opérations maritimes à la cité d'Athènes.
- Au mois d'août, avec seulement 5 000 hommes, Léonidas Ier parvient à freiner pendant deux jours la progression des Perses vers le sud au défilé des Thermopyles, couloir étroit qui empêche les envahisseurs de déployer leurs forces, tandis que la flotte grecque bloque l'armée ennemie au nord de l'île d'Eubée.
- Toutefois les Grecs perdent l'avantage lorsque les Perses parviennent à contourner l'étroit défilé. Jugeant la situation désespérée, Léonidas Ier renvoie la plus grande partie de ses troupes, mais se bat plusieurs heures durant avec ses guerriers d'élite, les Trois Cents, permettant ainsi à la flotte grecque de se replier vers l'Attique.

- Les Trois Cents succombent tous au cours du combat, mais entrent dans la légende, renforçant davantage encore le prestige militaire de Sparte.
- Au mois de septembre, la victoire navale de Salamine sauve la Grèce de l'invasion perse.
- L'année suivante, en 479 av. J.-C., de nouvelles victoires grecques permettent de libérer définitivement toute la Grèce de l'emprise de Xerxès Ier.

Votre avis nous intéresse !
Laissez un commentaire sur le site de votre
librairie en ligne et partagez vos coups de cœur sur
les réseaux sociaux !

POUR ALLER PLUS LOIN

SOURCES BIBLIOGRAPHIQUES

- BRIANT (Pierre), « Les guerres médiques », in *Le monde grec aux temps classiques. Le Ve siècle*, t. I, Paris, Presses Universitaires de France, 1995, p. 27-37.

- CHRISTIEN (Jacqueline), RUZÉ (Françoise), *Sparte. Géographie, mythes et histoire*, Paris, Armand Colin, 2007.

- CHRISTIEN (Jacqueline), LE TALLEC (Yohann), *Léonidas. Histoire et mémoire d'un sacrifice*, Paris, Ellipse, 2013.

- FOUCHARD (Alain), *Les systèmes politiques grecs*, Paris, Ellipses, 2003.

- GARLAN (Yvon), *La guerre dans l'Antiquité*, Paris, Nathan, 1999.

- LÉVÊQUE (Pierre), *L'aventure grecque*, Paris, Armand Colin, 1964.

- LÉVY (Edmond), *La Grèce au Ve siècle*, Paris, Seuil, 1995.

- LÉVY (Edmond), *Sparte. Histoire politique et sociale jusqu'à la conquête romaine*, Paris, Seuil, 2003.

- MALYE (Jean), *La véritable histoire de Sparte et de la bataille des Thermopyles*, Paris, Les Belles Lettres, 2007.

- SCHMIDT (Thomas), « Plutarque, les Préceptes politiques et le récit des Guerres médiques », in *Cahiers des études anciennes*, XLVI, 2009, consulté le 5 janvier 2014. http://etudesanciennes.revues.org/170

- VERNANT (Jean-Pierre), *Problèmes de la guerre en Grèce ancienne*, Paris, Éditions de l'EHESS, 1985.

SOURCES COMPLÉMENTAIRES

- HÉRODOTE, *Histoires*, livre VII, Paris, Les Belles Lettres, 1998.

- MALYE (Jean), *La véritable histoire des héros spartiates*, Paris, Les Belles Lettres, 2010.

- MARGUERON (Jean-Claude), PFIRSCH (Luc), *Le Proche-Orient et l'Égypte antiques*, Paris, Hachette Supérieure, 1996.

FILMS

- *La Bataille des Thermopyles (The 300 Spartans)*, film de Rudolph Maté, avec Richard Egan, Ralph Richardson et Diane Baker, 1962.

- *300*, film de Zack Snyder d'après la bande dessinée *300* de Frank Miller et Lynn Varley, avec Gerard Butler, Lena Headey et Rodrigo Santoro, 2006.

BÂTIMENT COMMÉMORATIF

- Monument commémoratif de la bataille des Thermopyles, sur le site de la bataille (Grèce).

www.50minutes.fr

ISBN ebook : 978-2-8062-5413-9
ISBN papier : 978-2-8062-5594-5
Dépôt légal : D/2014/12603/19
Photo de couverture : *Léonidas aux Thermopyles*, par Jacques-Louis David (1814). Domaine public.

Conception numérique : Primento, le partenaire numérique des éditeurs